Sicología Oscura

Carlos Delgado Janeiro

1

Índice

Introducción

Guerra Sicológica

"La guerra psicológica y las operaciones psicológicas han sido conocidas también con otros términos, como guerra política, «ganar las mentes y los corazones» y propaganda. El término de guerra psicológica se usa para «definir cualquier acción que se practica sobre todo por métodos psicológicos con el ánimo de evocar una reacción psicológica planeada en otras personas». Se usan varias técnicas para realizarla y está dirigida a influir en el sistema de valores, en el sistema de creencias, en las emociones, en el razonamiento o en el comportamiento del público. Se emplea para inducir confesiones o reforzar actitudes y comportamientos favorables al que tiene algún propósito, y se combinan a menudo con operaciones encubiertas y tácticas de falsa bandera. También se emplea para destruir la moral de los enemigos a través de tácticas que ayuden a deprimir a las tropas de los estados. Los objetivos pueden ser gobiernos, organizaciones, grupos e individuos, y no solamente soldados. Los civiles de países extranjeros también pueden ser los objetivos, con el uso de las nuevas tecnologías y los medios de comunicación, para causar algún efecto en el gobierno de ese país."

https://es.m.wikipedia.org/wiki/Guerra_psicol%C3%B3gica

Personalidad

Como la triada oscura es un tipo de personalidad creo conveniente añadir una introducción a la personalidad y sus múltiples formas de análisis.

Creo que la sicología, que en la actualidad esta fragmentada, tiene que unificarse, por lo que propongo cierta reconciliación del conductismo con los análisis de la personalidad.

 Comencemos con la introducción a la personalidad:

"**La personalidad** puede definirse como el modo característico y habitual en que cada persona, siente y se comporta

...

El temperamento consiste en nuestra herencia biológica, representa la influencia de la naturaleza física codificada y ... difícil de cambiar o modificar

...

El carácter se refiere a las características adquiridas durante nuestro crecimiento y supone un cierto grado de conformidad con las normas sociales.

Según Theodore Milton, <<el carácter puede ser considerado como la adherencia de la persona a los valores y a las costumbres de la sociedad en que vive>>. El carácter se forma desde la infancia y permanece siempre permeable a los influjos externos.

...

La personalidad es la conjunción del temperamento y el carácter en una única estructura y consiste en un conjunto de características psicológicas que expresamos en nuestros actos

...

(Características de la personalidad):

1 La personalidad no es una entidad física, como si fuera una parte anatómica del organismo. Es un constructo psicológico necesario para comprender y explicar las conductas humanas

2 Es la forma habitual de comportamiento de una persona. Comprende la conducta manifiesta, sus pensamientos y sentimientos, que definen su estilo personal de interactuar con el ambiente físico y social.

3 Se produce por la interacción de la herencia genética y el ambiente del individuo, por el aprendizaje social y las experiencias personales. ...

4 La personalidad se desarrolla y cambia a lo largo de la vida. ...

5 Es individual, social y cultural ...

6 La autonomía personal... es la capacidad del individuo de afrontar su propia existencia, a pesar de los obstáculos que encontrará en el camino.

...

Las teorías de la personalidad se diferencian porque parten de supuestos filosóficos diferentes y explican, desde una posición metodológica distinta, el origen, la evolución y los cambios de la personalidad.

...

El Psicoanálisis de Freud

... Los postulados básicos del psicoanálisis sobre la personalidad son:

-La personalidad es como un iceberg, con una pequeña parte visible de la superficie. La parte que sobresale es el consciente, y la sumergida, el inconsciente. El inconsciente es dinámico y ejerce presiones e influencias sobre lo que una persona piensa y hace.

...

-La terapia se basas en la asociación libre, que supone dejar que el paciente exprese lo primero que acuda a su mente y así pueda recuperar y liberarse de recuerdos y experiencias dolorosas, originadas en la infancia"

Psicología Mc Graw Hill José Ignacio

Pienso que la forma de actuar de los psicoanalistas freudianos no es correcta, ya que considero la asociación libre algo "poco preciso" en el mejor de los casos. No considero que la asociación libre y el análisis de los sueños sean acertados.

El comportamiento no solo está regido por estos principios:

"El principio de placer es la tendencia humana a conseguir placer y evitar dolor. Toda actividad psíquica persigue reducir tensiones y evitar sufrimiento.

El principio de realidad indica que el yo, que trata de adaptarse al ambiente, regula los deseos en función de la cultura y renuncia al placer inmediato en favor de un placer futuro"

Psicología

Mc Graw Hill

José Ignacio

"(El psicoanálisis) defendió que la personalidad está determinada por los instintos biológicos"

Psicología Mc Graw Hill José Ignacio

No creo que estos principios puedan explicar todo el comportamiento humano, ni pienso que la personalidad este dominada por el inconsciente. En caso de existir el inconsciente su influencia estaría mucho más limitada y habría que dejar paso al ambiente y a la cognición como elementos de formación de la personalidad.

Sí hay una tendencia biológica para que los seres humanos sean agresivos y compasivos que está determinada por el ADN. Pese a esto la modelación del ambiente puede ser tan determinante, o incluso más, que la tendencia biológica del sujeto.

En caso de existir la influencia del inconsciente sería mucho más limitada.

Teoría de los Rasgos y La Teoría del Aprendizaje Social

Teoría de los Rasgos

"Los psicólogos consideran los rasgos de personalidad como cualidades duraderas de una persona, que se infieren a partir del comportamiento observado

...

Hans j. Eysenck... es uno de los psicólogos que más ha investigado sobre la personalidad y uno de los fundadores de la terapia de la conducta.

...

Eysenck trató de sintetizar la psicometría (análisis factorial), la fisiología experimental de Ivan Pavlov (excitación e inhibición cortical) el aprendizaje, con el propósito de entender la personalidad.

Eysenck propone un modelo jerárquico de personalidad con cuatro niveles de comportamiento:

-Respuestas Especificas: son las conductas que ocurren en una única ocasión, como rascarse la nariz

-Respuestas Habituales: son las formas regulares de comportarse de alguien, como acudir con retraso a las citas o salir de fiesta los jueves.

-Rasgos Primarios: son las respuestas habituales que se relacionan entre sí hasta formar un grupo que define un rasgo... (como) la sociabilidad o la impulsividad

-Macrorasgos: es la organización de los rasgos en forma estable y con capacidad para hacer predicciones de conducta. Eysenck propuso 3 variables tipológicas: extraversión, ... (estabilidad emocional) y psicoticismo."

Psicología Mc Graw Hill José Ignacio

<u>Teoría del Aprendizaje Social</u>

"El conductismo clásico afirma que la conducta es específica de la situación y varía en el transcurso del tiempo cuando cambian las circunstancias; por este motivo, no valora los rasgos de personalidad. Los teóricos del aprendizaje social, como Julian Rotter y Albert Bandura, consideran que el individuo y el ambiente se influyen mutuamente

...

La obra de J.Rotter supone un intento de integrar la teoría del aprendizaje (conductismo) y los factores cognitivos, porque es el significado subjetivo y la interpretación del ambiente lo que en realidad regula nuestras vidas. Rotter introduce en la psicología de la personalidad cuatro conceptos relevantes: el potencial conductual, el valor del refuerzo, las expectativas y la solución psicológica."

Psicología Mc Graw Hill

José Ignacio

Pese a que me inclino por el conductismo, que desprecia los rasgos, sí creo que hay tendencias a

12

comportarse de uno u otro modo. Los rasgos pueden
predecir el comportamiento, en algunos casos (ya
que no siempre serán certeros). El comportamiento
del individuo está condicionado por el ambiente, lo
que puede coincidir con la predicción del rasgo o no.
A veces los rasgos pueden no acertar por la
influencia del exterior que hace variar la conducta
(incluso en contra de la personalidad habitual) y
viceversa. Los rasgos pueden ser un indicador
aproximado en situaciones en las que persiste el
comportamiento habitual del sujeto. El ambiente
puede ser certero y los rasgos del individuo también,
según el caso. Una persona, por su historial con el
ambiente y su biología, puede ser propensa a ciertos
comportamientos de los que se pueden extraer
patrones o rasgos. No hay que desechar los rasgos,
que son aproximaciones del comportamiento del
sujeto habitual, pues pueden servir para predecir la
conducta del individuo, pese a que esta puede variar
por el condicionamiento ambiental.

Tríada oscura

"En psicología, la tríada oscura se refiere a los rasgos
de personalidad del narcisismo, el maquiavelismo y
la psicopatía. Se le llama «oscura» debido a sus
cualidades malévolas. En diferentes grados, los tres
rasgos implican un carácter interpersonal malicioso
con tendencias de comportamiento hacia la

autopromoción, la frialdad emocional, falsedad y agresividad. Los autores que la formularon fueron Delroy L. Pauhlus y Kevin M. William en 2002."

https://es.m.wikipedia.org/wiki/Tr%C3%ADada_oscu ra

"Las personas con rasgos de la tríada oscura tienen una alta disposición a explotar a cualquiera para salir adelante y experimentan poco remordimiento cuando causan daño a otros. También pueden ser engañosos y agresivos."

https://www.health.com/condition/antisocial-personality-disorder/dark-triad

""Es un poco difícil saber exactamente cuántas personas encajan en esta descripción ya que técnicamente no es un diagnóstico oficial en el DSM-5, nuestra 'biblia psiquiátrica'", Thomas G. Plante, PhD, ABPP , profesor de psicología en Santa Clara University y profesor clínico adjunto de psiquiatría y ciencias del comportamiento en la Facultad de Medicina de la Universidad de Stanford, dijo a Health "Lo más cercano que tenemos a este diagnóstico es el trastorno de personalidad antisocial [ASPD]". (También llamados psicópatas)

A menudo llamado sociopatía (o psicópata), el ASPD es un trastorno mental conocido. Las personas que lo padecen repetidamente ignoran las reglas e ignoran los sentimientos de los demás. Y al igual que aquellos con rasgos de la tríada oscura, muestran una alarmante falta de empatía y mucha hostilidad y agresión.

"Lamentablemente, [las personalidades de la tríada oscura] parecen ser razonablemente comunes teniendo en cuenta los datos disponibles", dijo Plante, "y a menudo también se refuerzan en nuestra cultura"."

https://www.health.com/condition/antisocial-personality-disorder/dark-triad

La investigación sobre la tríada oscura se utiliza en la psicología aplicada, especialmente en los ámbitos de aplicación de la ley, la psicología clínica y la gestión empresarial. Las personas que puntúan alto en estos rasgos son más propensos a cometer crímenes, provocar malestar social y crear problemas graves para una organización, sobre todo si se encuentran en posiciones de liderazgo. También tienden a ser menos compasivos, agradables, empáticos, y menos propensos a sentirse satisfechos con sus vidas y a creer que ellos y otros son buenos. En las relaciones de pareja, las personas con rasgos de este tipo suelen realizar abusos y maltratos psicológicos (chantajes, humillaciones, amenazas, abusos de superioridad, coacciones) que provocan una dinámica de dominación-sumisión sobre su compañero, aunque pocas veces utilizan la fuerza física, salvo que no tengan otra opción para alcanzar sus fines. Desde la prevención y el tratamiento psicológico, se recomienda que cada víctima tenga claros cuáles son los valores individuales y las líneas para no dejar que nadie los sobrepase. De esta manera es más fácil detectar estos rasgos y acabar con las relaciones tóxicas y enfermizas.

Los tres rasgos de la tríada oscura son conceptualmente distintos, aunque la evidencia empírica sugiere que están estrechamente relacionados. Están asociados con un estilo interpersonal insensible-manipulador.

El narcisismo: se caracteriza por la grandiosidad, el orgullo, el egoísmo y la falta de empatía. El narcisista tiene una autoimagen positiva, aunque poco realista, considera a los demás indignos de su atención o amistad, y tienen una autoestima inestable y frágil altamente susceptible a la información negativa y desafiante.

El maquiavelismo: se caracteriza por la manipulación y explotación de los demás, ausencia de moralidad, insensibilidad, crueldad y un mayor nivel de interés propio. Son cínicos, manipuladores, sus comportamientos se dan para asegurarse objetivos de compensación tales como el éxito personal a costa de los demás, y tienen pocas normas éticas... harían lo que fuera con tal de conseguir sus objetivos.

La psicopatía: se caracteriza por un comportamiento antisocial continuo, impulsividad, egoísmo, rasgos insensibles y crueles, empatía embotada, encanto superficial, indigno de confianza, falsedad o insinceridad, incapacidad para experimentar remordimiento o vergüenza, falta de juicio y dificultades para aprender de la experiencia, insensibilidad en las relaciones interpersonales ordinarias.

...

Como se señaló anteriormente, hay una buena cantidad de solapamiento conceptual y empírico entre los rasgos de la tríada oscura. Por ejemplo, los investigadores han observado que los tres rasgos comparten características tales como falta de empatía, hostilidad interpersonal, y carácter ofensivo interpersonal.

A pesar de las críticas y los elementos comunes reconocidos entre los rasgos de la tríada oscura, hay evidencias de que los componentes están relacionados... (siendo) distintos.

Maquiavelismo

El nombre procede de la filosofía política de Nicolás Maquiavelo. Las personas que puntúan alto en este rasgo son cínicos (en un sentido propio interés amoral, no en un sentido dudoso o escéptico), sin principios, creen en la manipulación interpersonal como la clave para el éxito en la vida, y se comportan sin importar las consecuencias. El maquiavelismo también se correlaciona significativamente con la psicopatía.

Narcisismo

Los individuos que puntúan alto en narcisismo muestran grandiosidad, superioridad, derecho, dominación, y megalomanía.

Psicopatía

Considerada como la más malévola de la tríada oscura, los individuos que puntúan alto en psicopatía muestran bajos niveles de empatía combinados con altos niveles de impulsividad y la búsqueda desenfrenada de emociones."

https://es.m.wikipedia.org/wiki/Tr%C3%ADada_oscu ra

Técnicas

Las técnicas que emplean los sujetos con tríada oscura también los emplean los militares en la guerra psicológica.

Ahora podrán leer sobre algunas de las técnicas de guerra sicológica-tríada oscura:

-Aislamiento

Normalmente la guerra psicológica trata de restar apoyos y/o volverlos en contra del blanco. El objetivo, ya sea un gobierno, una organización o una persona, verá reducidos sus contactos si la guerra psicológica tiene efecto.

Los individuos oscuros también emplean el aislamiento en sus víctimas, de igual modo que los militares.

El aislamiento impide que haya apoyo exterior a la víctima, lo que dificulta que esta tenga los recursos necesarios para luchar en la guerra sicológica creada por el individuo oscuro

El manual: "Doctrina Organización y Empleo del Arma Psicológica Alto Estado Mayor Ejército de España" también lo incluye como una de las acciones de guerra sicológica.

<u>-Evaluación de la Información</u>

En la guerra sicológica es extremadamente habitual emplear mentiras o medias verdades para obtener la reacción deseada. Es necesario evaluar la información obtenida para determinar si es correcta. Recuerda a Sun Tzu: "no obtendrás la verdad de un espía sin sutileza", como norma general todo el mundo miente, pese a que, hay excepciones.

La información puede llegar a ser difícil de separar de lo que es la guerra sicológica. La liberación de información, con oportunidad, puede condicionar al rival, por lo que es conveniente saber qué propósito tiene la información.

<u>-Acusan de lo que Hacen, Son o Provocan</u>

Por norma general los servicios de inteligencia y gobiernos acusan a la oposición de acciones que ellos mismos cometen como mecanismo de protección.

Es importante que puedas evaluar la información sin falta de información que te impida evaluarla de forma correcta (se puede recurrir al principio de necesidad de conocer qué usan los analistas de inteligencia militar para tomar buenas decisiones y hacer análisis correctos). Ya que es la falta de información la que te hará actuar de forma que beneficie al sujeto con personalidad oscura, ya que estas defendiendo algo que hace el sujeto.

En estos casos se puede tratar de evitar opinar o pronunciarte sobre la cuestión para impedir que el sujeto oscuro sea respaldado por su objetivo

"Transferencia de Culpabilidad (forma en que se llama a esta técnica en el manual del Ejército Español):

La transferencia de culpabilidad consiste en dirigir los sentimientos del medio atacado hacia un adversario o un enemigo destinado a... (hacer) el papel de... (chivo).

Su objetivo es liberar a la opinión de los complejos de culpabilidad o de inquietudes de conciencia...

-El Terror: ... (El terror) por medio de la explotación de los efectos psicológicos del miedo (huida, parálisis, etc.), es el procedimiento más directo de inhibición de las facultades de razonamiento.

Se propone arrastrar al medio atacado a que acepte sin reacción los temas que le son propuestos.

Empleado en todo tiempo, y agravado por la potencia de destrucción de las armas modernas y la reaparición del terrorismo..., se incluye con frecuencia en amplias campañas de propaganda.

Existen diversos grados, desde la simple aprensión hasta el terror mismo."

Doctrina Organización y Empleo del Arma Psicológica

Alto Estado Mayor Ejército de España

-Consejos

Una táctica de guerra sicológica es dar malos consejos al objetivo para lograr el comportamiento deseado. El consejo se emplea para que acaezca lo que el objetivo quiere evitar con la acción condicionada. El consejo pretende provocar lo que el objetivo quiere evitar con su reacción.

Esto es más fácil en situaciones de aislamiento y con poca información. También pueden ser proclives al sesgo cognitivo de encuadre, pues trata de explotar este efecto.

-Mentir o Distraer la Atención

"Se sabe que los depredadores son mentirosos crónicos que prácticamente nunca dicen la verdad sobre nada en sus vidas.

Cuando un depredador o manipulador le está mintiendo, está intentando arrastrarle a su red de confusión y caos donde solo... (los depredadores) saben lo que realmente está pasando...

Al crear una telaraña caótica de mentiras en torno a usted, los depredadores pueden aumentar su confusión y mantenerle vulnerable frente ... (a los depredadores), desilusionándole y distorsionando la realidad del mundo a su alrededor. Como usted inconscientemente cree sus mentiras, usted acaba teniendo una fe completa en todo lo que le han dicho. Cuando usted intenta... (usar) una de sus mentiras para validar o justificar algo o hacerles rendir cuentas por la verdad, le darán completamente la vuelta... para que usted siga estando confuso. Con esto, usted constantemente siente que se equivoca... desembocando... en que ya ni confíe en su memoria o su propia percepción de la realidad, porque parece que usted siempre se equivoca."

Psicología Oscura Steven Turner

Usted tiene que dudar de todo, incluso aunque parezca obvio, para lograr un análisis correcto de la información que maneje y detectar las mentiras. Con un oscuro lo habitual es que mienta en todo. Pruebe a analizar toda la información desde diferentes perspectivas, incluyendo la contraria a la descrita por el oscuro y piense en el objetivo de la afirmación de la persona oscura para tratar de no caer en el condicionante del oscuro.

Los servicios de inteligencia y personas oscuras pueden emplear métodos de distracción, que pueden ser mentiras, para condicionar las reacciones del objetivo.

Los procesos de procesamiento de la información comienzan, si uno está atento, después de recibir la información. Por lo que una información liberada seguida de una opinión sobre la misma puede generar una respuesta condicionada. Se emplea para impedir procesos mentales propios (funciona con medios de comunicación sacando un tema e impedir el proceso mental sobre el mismo u otros medios). De igual modo que se crea una reacción a los estímulos en los animales (ya sea positivo o negativo) se creará una asociación sobre la información y el estímulo condicionante que alterará la percepción del sujeto. Esto conduce al sujeto a actuar y pensar de un modo concreto, y puede ocurrir incluso aunque se conozca esta técnica y se evalúe correctamente la información.

"La distracción es una táctica usada por depredadores cuando intentan desviar un tema de sus acciones o conducta y concentrarse en cambio en otra cosa. En esta estrategia particular, el depredador no está intentando culparle o destacar su conducta, sino que intentan desviar la conversación y enfoque lejos de ... (los oscuros). Esta es una estrategia que introducen en sus conversaciones tan sutilmente que parece que la conversación ha cambiado de enfoque de forma natural cuando... lo han hecho... para cubrir sus acciones y seguir sin que les culpen de nada."

Psicología Oscura Steven Turner

Distraer también puede emplearse para atacar a alguien, de forma que se desvíe la atención hacia otro sujeto. Es habitual emplearla junto con acusar de lo que hacen.

<u>-Liberación de Información</u>

Otra táctica de los servicios de inteligencia es liberar información. La táctica de liberar información se hace cuando sea la situación más proclive a nuestra versión de los hechos o cuando se intente contrarrestar otra información revelada. Se puede emplear para contrarrestar la postura del rival después de demostrar una versión que daña a la agencia, para impedir un apoyo concreto cuando trata de convencer a alguien o como desgaste

(Intentando conductualizar las posturas en contra del rival para que haya una asociación negativa hacia la postura objetivo).

También se puede usar informaciones proclives al oscuro en momentos en los que parezca que los objetivos tienen que procesar una información. Impidiendo el análisis propio del sujeto objetivo, al darle una visión ya preconcebida en el momento de analizar, hace que esta versión inducida sea la tomada por el sujeto objetivo

Esta táctica se puede combinar con la descrita en "Mentir o Distraer la Atención" ya que impide que el cerebro procese por sí mismo la información que acaba de recibir y realice una respuesta condicionada por el argumento condicionante.

-Retener Información:

"A diferencia de mentir, cuando un depredador le dice directamente una afirmación engañosa para conseguir algo de la otra persona, retener información a su víctima se usa como forma de mantener a su objetivo en desventaja. Cuando un depredador le retiene información a usted, hace esto con el claro conocimiento de que si usted no tiene esta información le deja a este con la ventaja y asegura que consigue exactamente lo que quiere de usted, se dé usted cuenta o no.

...

La ... forma de defenderse de este tipo de comportamiento predatorio es buscar las señales del comportamiento predatorio y entonces mantenerse alejado de esta persona o hacer muchas preguntas. Aunque las respuestas parezcan obvias, no se asuste de preguntar o presionar por toda la información."

Psicología Oscura Steven Turner

<u>-Cambios de Humor:</u>

"Los depredadores son conocidos por tener constantes cambios de humor, cambiando rápidamente entre alegre y satisfecho a enfadado e insatisfecho. Mientras que la causa psicológica de esto es irrelevante, el comportamiento en sí se usa como herramienta contra usted para dejarle inseguro y en una extrema desventaja. Cuando nunca sabe de qué humor estará el depredador, será difícil para usted determinar qué esperar en cualquier momento que está a su alrededor. De esta forma, cada vez que se aproxima a este, tiene que andar con... (reservas) y hacer todo lo que pueda para asegurarse de que está de buen humor y que sigue así. Según las mentiras que le cuenta, puede que le lleve a creer que sus comportamientos y acciones son directamente responsables de sus constantes cambios de estado de ánimo, aunque no tenga nada que ver con usted.

Cuando se encuentra en una situación con un depredador y sus cambios de humor, lo más probable es que se culpe de ... (esto)... . Este tipo de comportamiento se usa para hacer sentir a la víctima que es personalmente responsable del humor de otras personas y que constantemente se tiene que comportar de forma que agrade al depredador."

Psicología Oscura Steven Turner

-Love Bombing y Devaluación:

"Los depredadores... usan una herramienta llamada love bombing y devaluación para manipular a la gente para que se enamoren de... (los depredadores) y después usar esta emoción en su contra. Love bombing es una táctica donde un narcisista... escucha para saber lo que quiere y necesita en una pareja y entonces empieza a actuar como si fuese la pareja perfecta... . Harán todo lo que puedan para que caiga rendido a sus pies, como hacerle regalos, hacerle cumplidos... y escucharle atentamente...

Una vez su love bombing haya tenido éxito, un narcisista pasará a la fase de devaluación. Aquí es donde empiezan a usar toda la información que aprendieron cuando estaban escuchándole en su contra, haciéndole sentir como si fuera un inútil... (y mostrándole sus defectos) para mostrarle por qué no merece su atención... . El narcisista siempre le culpará de su conducta, diciendo que la única razón por la que le está tratando como si fuese despreciable es porque... (obró) mal para ganarse el trato...

Este tipo de comportamiento es muy difícil de predecir y del que protegerse porque... se hace de una forma que resulta abrumadora y sobre-estimula su cerebro con sustancias químicas de amor como la oxitociona y la dopamina. Lo que acaba pasando es que se siente tan abrumado con amor, que cuando es arrancado de usted... (trata de) recuperarlo y empieza a hacerse responsable de todo solo por poder volver otra vez a la fase de ensueño de love bombing. Únicamente que esto es exactamente lo que el narcisista quiere... así es como alimentan su propia necesidad de sentirse amado e importante, abusando de usted."

Psicología Oscura Steven Turner

-<u>Castigo:</u>

"Los depredadores constantemente castigan a la gente cuando no se comportan correctamente. La forma en la que los depredadores castigan a alguien varía, ... (según el depredador), lo que les ha funcionado en el pasado, y lo que piensan que les funcionará... en ese momento. Los castigos pueden oscilar entre cosas como ignorar o gritar hasta la violencia física y el abuso mental, y siempre se ... (hace) con la intención de forzar a la víctima a obedecerles."

Psicología Oscura Steven Turner

<u>-Negación:</u>

"La gente manipuladora sabe que, si nunca admiten nada, nunca se les puede... (culpar) de sus acciones, lo que significa que nunca tendrán que sufrir personalmente las... (justas) consecuencias. Incluso aunque usted sabe que son culpables de hacer algo, si nunca lo admiten, pueden empezar a distorsionar su realidad y llevarle a creer que usted está intentando juzgarle cuando en realidad son inocentes."

Psicología Oscura Steven Turner

<u>-Empequeñecer:</u>

"Los depredadores siempre intentarán... (empequeñecer) sus propias acciones mientras que ... (agrandan) las suyas, haciendo que parezca que lo que ... (los oscuros) hacen prácticamente no es malo

y lo que usted hace es cruel al máximo. Puede que …
intenten mitigar su responsabilidad y… su
culpabilidad invirtiendo la culpa para que usted, u
otra persona, tengan que rendir cuentas por sus
acciones en vez de… (los oscuros) … . (Con esto) los
depredadores hacen que parezca que… no son tan
malos y que el verdadero problema es usted, u otra
persona, que le hacen parecer malo. De esta forma,
intentan… (hacerse pasar por afectados) para que
usted deje de culparles."

Psicología Oscura Steven Turner

-"<u>La Simplificación y la Exageración o Aumento</u>:

La propaganda expone las cuestiones en forma de
declaración dogmáticas, claras, simples y concisas,
con el… (objetivo) de hacerlas aceptar más
fácilmente por el auditorio

La exageración o aumento agranda las proporciones
de los acontecimientos favorables a la causa
defendida y reduce al mínimo los sucesos
contrarios"

Doctrina Organización y Empleo del Arma Psicológica

Alto Estado Mayor Ejército de España

<u>-Hacerse la Víctima:</u>

"(Empequeñecer) no es la única forma en la que los depredadores intentarán hacerse la víctima en su relación. ... Hay muchas estrategias que los manipuladores usan para que parezca que son... los que están siendo tratados de forma injusta o sufriendo y usted es el responsable de su sufrimiento. Usarán una serie de estrategias para conseguir esto, como mentir, invertir la realidad (acusar de lo que hacen), retener información, ... (empequeñecer) y negar cosas, para que parezca que nunca hicieron nada mal, y que fue usted...

Esto no solo hará que se sienta culpable y con remordimientos por algo que probablemente nunca... (cometió), sino que también le deja sintiendo que no hicieron nada malo y que usted es incapaz de fiarse de sí mismo, sus acciones, su percepción y su memoria."

Psicología Oscura Steven Turner

<u>-Refuerzo Positivo:</u>

"Igual que un depredador intentará usar al castigo como forma de frenar su conducta y evitar que haga las cosas que no quiere que haga, también usará el refuerzo positivo para condicionarle a hacer cualquier cosa que quiera que haga. El refuerzo positivo se usa para cautivarle y hacerle creer que son capaces de ser gente positiva, ... (pese que) la verdad es que no lo son. ... Simplemente saben que esta forma de conducta halagadora le ayudará a edulcorar las acciones tóxicas en las que se han involucrado y desviar la atención hacia otro lado; consiguiendo que se concentre en lo bien que le hacen sentir en vez de en lo mal que le hacen sentir.

Algunos ejemplos de cómo un manipulador usará el refuerzo positivo incluyen, desde constantemente disculparse por su comportamiento, hacerle regalos y muestras de su aprecio, alabándole, cautivándole en exceso, dándole atención extra o dándole dinero. Cuando hacen cosas como estas... es menos probable que se... (entere) de lo dañina que es... la relación y es más probable que se quede ahí."

Psicología Oscura Steven Turner

-Cambiar las Reglas:

"Una forma importante en la que los manipuladores le dejarán constantemente vulnerable es cambiando las reglas... o dejando poco claro cuál es su situación respecto a la otra persona y que su papel sigue cambiando...

Los depredadores no dejarán claro cuál es su situación real... cambiado constantemente la nomenclatura de su relación, la forma en la que le tratan o las cosas que le dicen de usted a otra gente."

Psicología Oscura Steven Turner

<u>-Culpar:</u>

Culpar "a sus víctimas es una forma en la que los depredadores pueden hacer que sus víctimas se sientan personalmente responsables por la forma en la que le han tratado... (hacer algo) ya sea en general o al manipulador. Culpar permite al depredador llevar a su víctima a pensar que son mezquinos, maníacos o abusivos con otras personas. Esto lleva a la víctima a sentir como si hubieran hecho algo mal y necesitan cambiar... (para) no herir a aquellos a su alrededor... . (Hacen que parezca) que la víctima estaba siendo mezquina intencionadamente cuando... no lo era."

Psicología Oscura Steven Turner

<u>-Adulación:</u>

"A los depredadores les encanta adular y cautivar para ganarse la confianza de la gente y conseguir su respeto. ... Los depredadores son muy encantadores con todas las personas que conocen, ya que esto les permite ser percibidos como amables, simpáticos y de confianza. Esto también les asegura que nadie sospeche que son depredadores, dejándoles... hacer todo lo que quieran sin que nadie sospeche de ... (los oscuros) porque son demasiado amables como para hacer una cosa así.

...

(Vaya con ojo) y mantenga la guardia alrededor de esta persona hasta que esté muy claro que usted está a salvo a su alrededor y que no le hará daño."

Psicología Oscura Steven Turner

-<u>Hacerse el Inocente:</u>

"Los manipuladores son maestros a la hora de fingir sus emociones y hacerlo... (de un modo) que es virtualmente imposible saber si dicen la verdad o no. Al fingir magistralmente sus emociones y esconder sus verdaderos sentimientos y expresiones, un manipulador puede cubrir fácilmente sus propias ofensas con expresiones de shock, confusión y ponerse a la defensiva. Cuando un manipulador se hace la víctima, lo hace de forma tan sutil que la verdadera víctima sinceramente cree su reacción y empieza a cuestionarse si sus acusaciones son fundades o no."

Psicología Oscura Steven Turner

<u>-Fingen Amor y Empatía:</u>

"Los verdaderos depredadores que se sabe son psicópatas, sociópatas o narcisistas no saben cómo experimentar amor y empatía por nadie excepto... (consigo) mismos. Esta es la razón por la que pueden tomar parte de tácticas de poder maquiavélico sin sentir ningún tipo de remordimiento o culpa por sus acciones: porque creen genuinamente que todos los demás son malas personas."

Psicología Oscura Steven Turner

<u>-"Repetición y Orquestación:</u>

La propaganda... consigue su éxito a fuerza de repetir la misma cosa hasta que llegue a ser obsesionante. ... la repetición pura y simple no tardaría en engendrar el aburrimiento, por lo cual es necesario la orquestación. Esta tiene... (como objetivo) presentar la misma idea bajo formas diferentes y progresivas, ... (usando) los acontecimientos de actualidad"

Esta técnica ... (tendrá que) respetar los 3 principios siguientes:

1No desdeñar el aspecto estético

2Evitar la banalidad

3No herir nunca la moral... admitida en el medio atacado"

Doctrina Organización y Empleo del Arma Psicológica

Alto Estado Mayor Ejército de España

"La capacidad de condicionamiento de los individuos es muy diferente. Hay personas que requieren escasas exposiciones de condicionamiento para modificar su actitud, mientras que otras exigen una acción reiterada y prolongada. Interesa pues, conocer qué clase de personas son más fáciles de condicionar y cuales más difíciles."

Estrategias para la Acción Psicológica / Colección ADALID servicio de publicaciones EME / Ministerio de Defensa de España

La repetición del estímulo asociativo es más eficaz cuanto más se repite. Pavlov ya lo descubrió en sus estudios y es algo que se ha mantenido hasta nuestros días. Esto sigue siendo empleado por las agencias de inteligencia y el marketing para inducir a la población.

Esta técnica se puede emplear para el control mental. El repetir una y otra vez, de forma oportuna, lo mismo para acabar con la resistencia del sujeto desgastando su voluntad, que es limitada, y permite que el individuo ceda.

<u>-Hacer "Deducir"</u>

La táctica de hacer pensar al personal, civil o militar, que han deducido por sí mismos una determinada cuestión es un método que permite una mayor conductualización, pues piensa que lo dedujo y es verdad. No obstante, puede tratarse de una maniobra de guerra psicológica y el sujeto, a veces, ha sido condicionado.

Para este tipo de conductas se requiere de métodos como "Liberación de Información" y "Mentir o Distraer la Atención" de forma subliminal, en mayor medida.

"La Insinuación (nombre de hacer deducir en el manual de guerra sicológica de las Fuerzas Armadas de España):

La insinuación es un medio de crear y mantener la desconfianza; deja cada uno el cuidado de extraer sus propias conclusiones. En esto precisamente reside su fuerza, pues el hombre prefiere creer que él ha pensado por sí mismo...

La insinuación podrá presentare... bajo las formas siguientes:

1Cuestiiones tendenciosas

2Humor (historias divertidas, caricaturas, etc.)

3Crear la duda sobre la pureza de un motivo

4Culpabilidad por asociación de ideas

5Insinuación gráfica (dibujos, ampliaciones fotográficas, etc.)

6Audición (pausas significativas, inflexión de voz...)

(Los) rumores malignos son una de las formas más eficaces de la insinuación."

Doctrina Organización y Empleo del Arma Psicológica

Alto Estado Mayor Ejército de España

-"Técnicas Combinadas: Las técnicas de propaganda son difíciles de aislar. Para obtener un máximo resultado se ... (usan) combinaciones planeadas de acuerdo con la situación, medios disponibles y objeto que se persigue con la campaña"

Doctrina Organización y Empleo del Arma Psicológica

Alto Estado Mayor Ejército de España

-Provocación Como Condicionante

En ocasiones los servicios de inteligencia o los oscuros provocan a la víctima para atacar una postura propia o que les es beneficiosa.

Se puede emplear un trato despectivo hacia el objetivo emparejado con un asunto concreto como condicionante negativo hacia la postura, lo que genera la repulsión.

-Conocimiento de la Víctima

Los sujetos oscuros y los gobiernos y demás usuarios de la guerra sicológica tienen que conocer cómo se relaciona el objetivo con el mundo.

Una de las primeras cosas que hace un sujeto oscuro es tratar de conocer el tipo de relaciones que tiene la víctima con su entorno, para saber qué puede hacer y cómo puede hacerlo.

-Control mental

"El control mental es una técnica o un conjunto de técnicas encaminadas a la modificación de los procesos mentales de los individuos. Puede emplearse sobre la propia persona y también en personas ajenas con fines diversos: desde la superación del propio ser y sus habilidades mentales a través del dominio de la mente, pasando por la sanación de complejos o problemas mentales, hasta un uso perverso como la manipulación de otras mentes.

Se emplea en salud mental para el estudio de las reacciones en el pensamiento, el sentimiento y el comportamiento del ser humano. Las técnicas cuya eficacia está científicamente demostrada se aplican para el desarrollo de la mente en todas sus facetas. … Hecho por el propio sujeto, puede emplearse para el autodominio de los pensamientos y consiguientemente las emociones generadas… . Se emplean las técnicas de focalización mental en hipnoterapia para la sanación o mejoría del paciente. El estudio del control mental también ha interesado a la parapsicología y a multitud de religiones y sectas.

Se ha distinguido entre el concepto de control mental y el lavado de cerebro, considerando este último un fenómeno mucho más coercitivo y directo. En el lavado de cerebro la víctima dispondría de menos participación, con un sometimiento más involuntario. En cambio, el control mental sería mucho más sutil, sin abuso físico o amenazas directas, con mayor presencia de la manipulación y el engaño.

Usos negativos: manipulación

El control mental es una técnica variada o un conjunto de técnicas que pueden servir para suprimir la personalidad del individuo, controlando y anulando su libre albedrío, para hacerlo dependiente de lo dictado por otra persona u organización. Pese a que puede ... (hacerlo) cualquier colectivo, son las sectas las que más profusamente lo emplean, especialmente las sectas destructivas.

...

Consecuencias del Control Mental

Sociales

-Falta o reducción de la capacidad de relacionarse con los demás...

-Anulación de las relaciones con la familia y pérdida de amigos.

-Consecuencias laborales, como relegación en el puesto de trabajo o despido, por la pérdida de competitividad a causa del cansancio.

-Cambio de residencia.

Físicas

Dependen completamente del tipo de control mental ejercido. ... Generalmente son fatiga muscular y desgarros

Psicológicas

Cambios inesperados entre la euforia y la depresión.

Incapacidad de mantener relaciones afectivas con personas extrañas al entorno donde es controlado.

Esclavitud involuntaria al perder la capacidad de decisión.

Disminución del sentido del humor, del vocabulario y la capacidad intelectual en general, pero no de la inteligencia.

Razonamiento escaso o nulo.

Tendencia neurótica, psicótica o suicida.

Pérdida de identidad, desdoblamiento de la personalidad, pánico, alucinaciones."

https://es.m.wikipedia.org/wiki/Control_mental#:~:text=El%20control%20mental%20es%20una%20t%C3%A9cnica%20variada%20o%20un%20conjunto,por%20otra%20persona%20u%20organizaci%C3%B3n.

<u>-Gas Lightin</u>

"Luz de gas o gaslighting es un tipo de abuso psicológico en el que se hace a alguien cuestionar su propia realidad. Consiste en negar la realidad, dar por sucedido algo que nunca ocurrió o presentar información falsa con el... (objetivo) de hacer dudar a la víctima de su memoria, de su percepción. Puede consistir en negaciones simples por parte del abusador/a o abusadores/as, en el sentido de si determinados sucesos ocurrieron o no, o incluso en la escenificación de situaciones extrañas con el... (objetivo) de desorientar a la víctima."

https://es.m.wikipedia.org/wiki/Luz_de_gas_(manipulaci%C3%B3n)

Falacias

Los individuos oscuros pueden emplear falacias informales para conseguir lo que pretenden. Una falacia es un tipo de razonamiento persuasivo y que parece válido.

Hay dos tipos de falacias:

-Falacias fórmales: "son inferencias (deducciones) inválidas, porque incumplen alguna ley de deducción en el razonamiento... la lógica permite desvelar estos errores."

-Falacias informales (o materiales): "su error no está en la forma lógica del argumento, sino en su materia, ... en el significado de los términos (asunto de que trata el argumento). Si no tenemos precaución, las falacias informales pueden pasar inadvertidas."

Mc Graw Hill Psicología Bachillerato

Tipos de Falacias Informales:

-"Falacia ad verecumdiam: es defender una conclusión apelando a alguien que se considera una autoridad en la materia... sin dar razones que la justifiquen...

-Falacia ad hominem (contra el hombre): consiste en atacar la opinión o razonamiento de otra persona, censurando a quien lo defiende...

-Falacia ad baculum (a la fuerza): se refiere a los argumentos que se basan en la fuerza o poder de alguien para establecer la verdad de una conclusión...

-Falacia de la tradición: el hecho que algo se haya hecho de una manera no justifica que siempre se haga lo mismo...

-Falacia tu quoque (tú también): son aquellos argumentos en los que se presentan razones para aplicar una acusación en su lugar se devuelve la ofensa a quien acusa...

-Falacia ad ignoratiam (a la ignorancia): consiste en exigir al adversario que admita la prueba alegada o que ofrezca otra...

-Falacia ad populum (al pueblo): consiste en invocar como razones hechos o circunstancias... (con el objetivo) de excitar los sentimientos del oyente...

-Falsa causa: se otorga validez a una causa insuficiente o errónea...

-Consenso universal (consensum gentium): consiste en aceptar la verdad de una afirmación porque la mayoría de las personas la defienden..."

Mc Graw Hill Psicología Bachillerato

Las falacias informales pueden ser empleadas para manipular al destinatario y pueden ser empleadas por los individuos con tríada oscura.

Sesgos Cognitivos

"Un sesgo cognitivo es una interpretación errónea sistemática de la información disponible que ejerce influencia en la manera de procesar los pensamientos, emitir juicios y tomar decisiones. El concepto de sesgo cognitivo fue introducido por los psicólogos israelíes Kahneman y Tversky en 1972.

Cada segundo tu cerebro ejecuta millones de procesos mentales. La probabilidad de que algún sesgo cognitivo influya en tu comportamiento es alta"

https://www.brainvestigations.com/neurociencia/sesgo-cognitivo-negocios/#:~:text=Conoce%20el%20significado%20del%20concepto,emitir%20juicios%20y%20tomar%20decisiones.

Tipos de sesgos cognitivos:

-Pensamiento dicotómico: "Consiste en percibir las cosas como blancas o negras, verdaderas o falsas...

-Generalización: Es convertir un hecho o una experiencia negativa en una ley general...

-Abstracción selectiva: Consiste en fijarse en algunos detalles de un suceso, y no en el contexto...

-Inferencia arbitraria: Son deducciones o conclusiones incorrectas... pensar que no gustamos a los demás o creer que los demás piensan mal de nosotros...

-Razonamiento emocional: Se basa en creer que las cosas son como uno las siente...

-Metas inalcanzables: Hay... (metas sanas que) son flexibles y dotan de sentido a nuestra vida... (otras) nos exigen cosas imposibles y merecen ser rechazadas...

-Responsabilidad: Es asumir toda clase de culpas sin que tú seas directamente responsable de los hechos...

-Magnificación o minimización: La magnificación aumenta la importancia de los errores cometidos mientras que la minimización disminuye nuestras cualidades..."

Mc Graw Hill Psicología Bachillerato

-Efecto de Encuadre: es en el que, si se cambia el enfoque, la percepción varía. Este sesgo es muy importante y es tremendamente usado en la guerra psicológica, pues explota el éxito de la información liberada, tanto propia como de un tercero.

-Sesgo de Disponibilidad: en ocasiones no se posee toda la información necesaria para tomar la decisión correcta o tener una opinión imparcial sobre cierto hecho.

-Pensamiento Grupal: es ser influenciado por el grupo.

Los sesgos cognitivos también se pueden emplear para confundir a la víctima y su círculo de relaciones, de forma similar a las falacias informales.

Es necesario conocer y procesar la información y los datos de forma adecuada para no caer en la influencia de las personas oscuras.

Otra cuestión para procesar la información es saber cuál es la intención de la información liberada.

Mecanismos Defensivos

La Desprogramación del Control Mental

Se conoce como desprogramación al proceso de liberar a alguien del control mental al que ha sido sometido. Puesto que el control es una técnica larga y compleja también lo es la desprogramación, por esa razón existen profesionales versados en la materia.

Circunstancias

Para lograr la desprogramación, especialmente del control más destructivo, es necesaria la concurrencia de varias circunstancias:

Separación del grupo controlador.

Descanso físico.

Alimentación adecuada.

Perseverancia.

<u>Técnicas</u>

Una vez reunidas las circunstancias anteriores, expertos en el tema como Steven Hassan siguen una serie de técnicas desprogramadoras:

1 Relaciones de mutua confianza.

2 Comunicarse con la persona para conocer su situación (¿desea seguir?, ¿siente dudas sobre la bondad de los que le han controlado?, ¿está desencantado pero temeroso?...).

3 Desarrollar modelos de identidad: cómo era la persona antes de entrar, cómo es el modelo de personalidad impuesto por el control mental y cuál es la personalidad que adopta dentro de la estructura controladora (iniciado, con algo de responsabilidad, controlador...).

4 Poner a las personas en contacto con la identidad original, por eso es tan difícil desprogramar a niños que no tienen una personalidad anterior que recuperar.

5 Conseguir cambiar la perspectiva desde la que mira el controlado (la que le impuso el grupo controlador).

6 Interrumpir el autoengaño que sistemáticamente se ha enseñado a la persona controlada que haga cuando siente dudas sobre lo que le han enseñado.

7 Terminar con las fobias que han implantado a la persona para que no abandone el grupo y mostrarle el bienestar que se puede obtener fuera del grupo.

8 Explicar a la persona controlada las características del control mental que ha sufrido."

https://es.m.wikipedia.org/wiki/Control_mental#:~:text=El%20control%20mental%20es%20una%20t%C3%A9cnica%20variada%20o%20un%20conjunto,por%20otra%20persona%20u%20organizaci%C3%B3n.

¿Relaciones con personas con personalidad oscura?

"Las personas con los rasgos de personalidad de la tríada oscura son manipuladoras... y carecen de empatía.

Ciertos comportamientos pueden indicar si una persona tiene estos rasgos.

Tener una relación con alguien así puede ser peligroso, por lo que es mejor evitarlo.

...

<u>¿Cómo saber si alguien tiene rasgos de la tríada oscura?</u>

Puede ser un desafío reconocer a una persona con una personalidad de tríada oscura porque "es carismática y encantadora", dijo Hokemeyer (psicoterapeuta). "Son maestros en la adulación y en hacer que una persona se sienta especial y afortunada de estar en presencia de una persona de gusto, inteligencia y compasión elevados".

Pero las personas con personalidades de la tríada oscura no pueden mantener esta percepción para siempre. "Con el tiempo, acaban quemando las relaciones explotando a las personas con las que se vuelven más cercanos", explicó Hokemeyer.

Estos cuatro comportamientos pueden indicar que alguien tiene rasgos de la tríada oscura:

Incapacidad para mantener relaciones a largo plazo

Las personas que tienen rasgos de la tríada oscura pueden tener dificultades para mantener relaciones a largo plazo. Esto no solo se refiere a parejas románticas, sino también a amigos, familiares y compañeros de trabajo. "Tienen una serie de relaciones fallidas en las que han 'cortado' a personas importantes en sus vidas", dijo Hokemeyer.

Una historia de ser una 'víctima' en las relaciones y en la vida

"Las personas con una personalidad de tríada oscura son maestros en lo que se conoce como el ciclo narcisista de abuso y engaño", dijo Hokemeyer. "Cuando se les desafía, rápidamente cambian la situación y se convierten en víctimas". Según un estudio de 2019 publicado en Sage Journals, los actos de ira o violencia comúnmente se desencadenan cuando una persona con tendencias narcisistas o con un trastorno de personalidad narcisista diagnosticado teme el abandono o su autoestima se ve amenazada.

Inconsistencias en sus historias

Si bien las personas con rasgos de la tríada oscura
son profesionales en la manipulación de los hechos
para su propio beneficio, con el tiempo "no pueden
mantener su barniz perfecto", dijo Hokemeyer. Los
supuestos hechos y detalles de trasfondo de sus
vidas son inconsistentes y no cuadran.

Una necesidad crónica que… (tiene que) ser satisfecha

"Los individuos con una personalidad de tríada
oscura siempre tienen que sentirse … (satisfechos) a
expensas de todos los que los rodean", explicó
Hokemeyer. Estas personas a menudo se sienten
víctimas, expresan decepción, nunca están
satisfechas y buscan continuamente la …
(satisfacción). "Si te sientes agotado (emocional,
físicamente o incluso financieramente) es probable
que te manipulen y te utilicen para su beneficio
personal", añadió Hokemeyer.

…

Hokemeyer no recomienda tener una relación con
alguien que tenga una personalidad de tríada
oscura. "Es peligroso tener cualquier tipo de
relación, ya sea una amistad, una aventura íntima o
una asociación comercial, con alguien con un perfil

de personalidad de tríada oscura", dijo Hokemeyer. "Estos individuos están programados para explotar y procederán a hacerlo, independientemente de cuánto quieras que cambien".

Claro, las personas con rasgos de personalidad de la tríada oscura pueden cambiar, pero la probabilidad de que eso suceda es "minúscula", señaló Hokemeyer. "Los rasgos de personalidad que componen una tríada oscura están profundamente arraigados en su psique y son muy resistentes a cualquier tipo de desafío que pueda manifestar un cambio. La mejor estrategia es alejarse de ellos lo más rápido posible"."

https://www.health.com/condition/antisocial-personality-disorder/dark-triad